문학과지성 시인선 112

새떼들에게로의 망명

장석남 시집

문학과지성사에서 펴낸 장석남의 시집

지금은 간신히 아무도 그립지 않을 무렵(1995)
미소는, 어디로 가시려는가(2005)

문학과지성 시인선 112
새떼들에게로의 망명

초판 1쇄 발행 1991년 12월 20일
초판 7쇄 발행 1994년 2월 10일
재판 1쇄 발행 1995년 6월 30일
재판 15쇄 발행 2019년 4월 5일

지 은 이   장석남
펴 낸 이   이광호
펴 낸 곳   ㈜문학과지성사

등록번호   제1993-000098호
주   소   121-894 서울 마포구 잔다리로7길 18(서교동 377-20)
전   화   02)338-7224
팩   스   02)323-4180(편집)   02)338-7221(영업)
전자우편   moonji@moonji.com
홈페이지   www.moonji.com

ⓒ 장석남, 1995, Printed in Seoul, Korea

ISBN 978-89-320-0533-1

* 이 책의 판권은 지은이와 ㈜문학과지성사에 있습니다.
  양측의 서면 동의 없는 무단 전재 및 복제를 금합니다.

문학과지성 시인선 112

새떼들에게로의 망명

장석남

1994

첫 시집을 어머님께 바칩니다

自 序

  물 떠먹으러 등잔불을 들고 밖으로 나간다. 그 아스라한 빛이 분별해주는 삶의 넘어짐. 그러나 부엌에 가보니 새 찍어먹을 물도 없다. 꺼지려고 하는 불을 꺼치고 가슴의 불로 아예 샘으로 간다. 뚜벅뚜벅…… 거기가 샘이라고 시집을 내보내다니. 가엾어라 발 앞의 어둠이여.

1991년 12월
장 석 남

새떼들에게로의 망명

차 례

▨ 自 序

I

별의 감옥/11
가책받은 얼굴로/12
맨발로 걷기/13
저녁해가 지다 말고/15
달의 길/16
걸음은 자꾸 넘어지자고/17
나는 뜰을 안고/18
소래라는 곳/19
건어물들/20
내가 듣는 내 숨소리/21
군불을 지피며 1/23
군불을 지피며 2/24
군불을 지피며 3/25
높새의 저녁/26
새떼들에게로의 망명/27
저녁 햇빛에 마음을 내어 말리다/29
歌 1/30
歌 2/31
歌 3/32
내가 그믐이니/33

진흙별에서/34

Ⅱ
붉은 구름/37
눈보라/38
나비를 타고/39
모란의 누설/40
종일 손가락을 깨물다/41
무 꽃/42
5월/43
라일락 밑/44
햇빛이 날 사랑하사/45
얼굴을 닫고/46
마음이 중얼중얼 떠올라/47
밥을 먹으며/48
물방울 방/49
생선구이 백반/50
개밥바라기가 옹관 같은 눈동자로/51
세월의 집/52
枕源에서/53
반달 간다/54
나에게 온통 젖어버리는/55
감자를 먹는 노인/56

Ⅲ
그리운 시냇가/59

저녁의 우울/60
꽃 본 지 오래인 듯/61
젖은 달이 떴어/62
눈 길/63
배호 1/64
배호 2/65
배호 3/66
배호 4/68
불 꺼진 하얀 네 손바닥/69
기러기 간다/70
風笛 1/72
風笛 2/73
風笛 3/74
風笛 4/75
風笛 5/76
風笛 6/77
風笛 7/78
風笛 8/79
風笛 9/80
風笛 10/81
겨울 洞口/82
무성 영화/83

Ⅳ
기압골의 집/87
비 맞는 잠/88

초저녁 '밥별'이라는 별/90
德積島 詩/91
추억에서의 헤매임/94
당나귀에 관한 추억/96
산길이 산을 내려와/98
들판이 나를 불러/100
아버지를 기억함/102
귀순하는 저녁/103
불 꺼진 집/104
해변의 묘지/105
기억하지 말아야 할/106
내 발자국의 표정/107

▨ 해설 · '뒤로 걷는' 언어의 꿈 · 홍정선/108

I

별의 감옥

저 입술을 깨물며 빛나는 별
새벽 거리를 저미는 저 별
녹아 마음에 스미다가
파르륵 떨리면
나는 이미 감옥을 한 채 삼켰구나

유일한 문밖인 저 별

가책받은 얼굴로

빗방울 떨어지며 후두둑 나를 읽는다
지운 文章처럼 나는
가책받은 얼굴로 빗속에 서 있다
대추나무의
약한 열매들이 빨리 미련을 버리고
비에게 자리를 내준다
나와 자리를 바꾸자는,
잡풀에 떨어지는 빗물 소리
가책받은 목소리로 나는 이 순간 經을 읽는 것이다
빗물이 시커먼 눈을 뜨고 또랑으로 들어간다

맨발로 걷기

생각난 듯이 눈이 내렸다

눈은 점점 길바닥 위에 몸을 포개어
제 고요를 쌓고 그리고 가끔
바람에 몰리기도 하면서
무언가 한 가지씩만 덮고 있었다

나는 나의 뒤에 발자국이 찍히는 것도
알지 못하고 걸었다

그 후 내
발자국이 작은 냇물을 이루어
근해에 나가 물살에 시달리는지
자주 꿈결에 물소리가 들렸고
발이 시렸다

또다시 나무에 싹이 나고
나는 나무에 오르고 싶어
아무 생각도 하지 못했다 그리고
잘못 자란 생각 끝에서 꽃이 피었다

생각 위에 찍힌 생각이 생각에
지워지는 것도 모르고

저녁해가 지다 말고

저녁해가 지다 말고
내 얼굴에 왔다
낯불을 켜놓은
내 얼굴

얼굴을 버리고 놀다보면
저녁해를 비끼는
새도 될 수 있으련만

달의 길

이정표는 자꾸 내게 어디 가냐구 묻는다

달은 붉게 물들며 제 길을 가고
내겐 잃은 길도 잃은 그 자리에 있지 않다

달은 섬섬이처럼 제 빛이 모두 발이다
기울어도 제 빛에 안긴다

몸이 아프다 기울면
아픔이 나를 안아주리라

걸음은 자꾸 넘어지자고

그날 살아 있다고 안심하라고 철없이
아픈 마음이
광교 근처를 지날 적에 칸나꽃을 만나더니
꽃 밝은 잠을 자고 싶어하네

빈집들 속에 빈집으로 걸어들어가
쪼그려 잠들면
만발하는 고통아 잎 넓은 한 그루의 애인아
잠이 너무 밝다

몰려가는 사람들 틈에서
늙은 산의 울음 소리 들리고
걸음은 자꾸 넘어지자고 조르고

산 울음에
종로쯤 떠밀릴 때 나사렛 사람처럼
고통이 내게 묻네 "가는 곳이 어디지?"
휑하니 비어 대답하는 길바닥
걸음은 자꾸 넘어지자고 조르고

나는 뜰을 안고

꽃 피고 지는 뜰을 안고
시간 뒤에 숨어 나는
뜰의 눈인 꽃과
꽃의 육체인 말 뒤의
향기를 베고 눕기도 하지만
내가 뜰을 안으면 그러나
안기는 것은 뛰는 심장 하나
피가 너무 따뜻해와 그 춤을, 그 없는 안팎을
견딜 수가 없어 나는 가끔
영혼에도 한줌씩
던져주지만

소래라는 곳

저녁이면 어김없이 하늘이 붉은 얼굴로
뭉클하게 옆구리에서 만져지는 거기
바다가 문병객처럼 올라오고
그 물길로 통통배가
텅텅텅텅 텅 빈 채
족보책 같은 모습으로 주둥이를 갖다댄다

잡어떼, 뚫린 그물코, 텅 빈 눈,
갈쿠리손, 거품을 문 게

풀꽃들이 박수치는지
해안 초소 위로 별이 떴다
거기에 가면 별이 뜨기 전에
돌아와야 한다
별에 눈맞추며 덜컹대는
수인선 협궤열차에 가슴을 다치지 않으려면
별에 들키지 않아야 한다
가슴에 휑한 협궤의 터널이 나지 않으려면

건어물들

경기도 안산시 사리 포구
피난온 햇빛들

따악—— 입 다물지 못하는 건어물들
입 속에 햇빛들은 취기로 가물가물
통통배 타고 무인도나 갈까? 가서
미라가 되자고 꼬신다
때마침 들려오는 통통 소리
햇빛의 즐거운 殲襲이여

다만 아프디아픈
정변같이

내가 듣는 내 숨소리

내가 쉬는 내 숨 속에
길이 하나 보이다 지워졌다
길, 혀 꼬부라진 말
움켜쥐고 깊어진 德積島 산골짜기에서
내가 듣는 내 숨소리
길에 시달리지 않는 곳,
뒤에 길 따라오지 못하고 햇빛과 바람
뜨거운 포옹으로 반죽이 된 곳에
말뚝 처박고 매어두고 싶은 소리

熱띤 꽃 한 송이 속에 오솔길 스미고 있을 동안
 내 숨에 사슬 끌리고 文書 없이 말뚝 박히고 너와 너 사이 이어진 國境이 정수리를 넘어가고 북어처럼 바짝 목마른
세월의 맥박들
길 스민 꽃 한 송이 늙은 햇빛 속에 타오르고 있을 동안
내가 듣던 내 숨 열에 겨웁다

그러나 여기 내 숨 타오르래도 타오르래도
헐떡이며 나를 따라와 下山길에 몰리며

내가 듣는 내 숨소리
파도 심해도 고요함 많은 물 속 같다면
슬픔에라도 말뚝 처박고
매어두고 싶은 소리
나 혼자 길 아닌 곳으로 나서고 싶은 소리

군불을 지피며 1

군불을 지핀다
숨쉬는 집
굴뚝 위로 집의 영혼이 날아간다
家出하여, 적막을 어루만지는 연기들
적막도 연기도 그러나
쉬 집을 떠나진 않는 것
나는 깜빡 내
들숨 소리를 지피기도 한다

군불을 지피며 2

집 부서진 것들을 주워다 지폈는데
아궁이에서 재를 끄집어내니
한 됫박은 되게 못이 나왔다
어느 집 家系였을까

다시 불을 넣는다
마음에서 두꺼운 연기가 피어오르고
잉걸로 깊어지는 동안
차갑게 일어서는 속의 못끝들

감히 살아온 생애를 다 넣을 수는 없고 나는
뜨거워진 정강이를 가슴으로 쓸어안는다

불이 휜다

군불을 지피며 3

부지깽이로 불길을 어루만지고 있을 때
불 위를 걸어와 내 얼굴 뒤로
한 남루한 옷차림이 지나갔다
불길, 불의 길 위로,
장작을 넣지 않고 있으면 불은 나를
자기 품 더 가까이 불렀다 그러면 나는
내 가슴속으로 파고들기도 했었다

때로 장작에
차가움을 섞어넣기도 했건만

높새의 저녁
── 제주에서

높새가 부는가
마부는 오늘따라 그림자가 길다
또박또박 자기 길을 확신하는 말과
함께 가는 저녁
제주 바다 멀리
말의 눈은 걸어넘는가
넘어갔다 다시 오는가
높새가 부는가 오늘 저녁
귤빛 우리집 창문은
혼절을 하겠구나
마부의 등이 삐걱이며 닳는 지상의
가장 환한 저녁

새떼들에게로의 망명

1
찌르라기떼가 왔다
쌀 씻어 안치는 소리처럼 우는
검은 새떼들

찌르라기떼가 몰고 온 봄 하늘은
햇빛 속인데도 저물었다

저문 하늘을 업고 제 울음 속을 떠도는
찌르라기떼 속에
환한 봉분이 하나 보인다

2
누가 찌르라기 울음 속에 누워 있단 말인가
봄 햇빛 너무 빽빽해
오래 생각할 수 없지만
오랜 세월이 지난 후
나는 저 새떼들이 나를 메고 어디론가 가리라,
 저 햇빛 속인데도 캄캄한 세월 넘어서 자기 울음 가파른 어느 기슭엔가로

데리고 가리라는 것을 안다
찌르라기떼 가고 마음엔 늘
누군가 쌀을 안친다
아무도 없는데
아궁이 앞이 환하다

저녁 햇빛에 마음을 내어 말리다
── 섬진강에서

어미소가 송아지 등을 핥아준다
막 이삭 피는 보리밭을 핥는 바람
아, 저 혓자국!
나는 그곳의 낮아지는 저녁해에
마음을 내어 말린다

저만치 바람에
들菊 그늘이 시큰대고
무릎이 시큰대고
적산가옥
청춘의 주소 위를 할퀴며
흙탕물의 구름이 지나간다

아, 마음을 핥는 문밖 마음

歌 1

기타를 치면 간혹
줄이 나간 기타
겨드랑이 아래에서
고스란히 자기 곡으로 빠진다
노래는 배가 뚫려
물이 새고
물이 새는 노래를 끝까지 해도
마땅한 삶이 쉬 보이지 않는다
다시 기타를 치면 자꾸
먼 세상이 울린다

歌 2

잔설 밟고
죽은 아이들이
붉은 발로
어머니 찾아오는 것
보인다
자지 말라고
밤새 눕지 않는
마음속 소 한 마리
방울 울리는 소리
열 발가락을 적시더니

歌 3

왜 이 강물 소리를 들을 수 없나
어느 날 꿈이
이 강 흐름을 퍼다
해몽할 것인가

이렇게 좀슬고 귀떨어진
얼굴을 쓰고 깨끗한 눈에 맞듯
고개를 숙이고

亡國을 가면

어느 날 노을은 세상을 저 멀리
빠뜨렸다 마음은
적을 잃고 헤맸다

내가 그믐이니

  그믐이었다
  사철나무 잎사귀에 맺히는 별빛으로 영혼을 축였다
  눈동자에 벼랑이 들어와 서 있기도 했다
  인적이 뜸한 길목과 허공들은 나 때문에 배가 불렀을 것이다
  붕대를 풀지 못하는 마음이 아마 열반이었을 것이다
  내가 그믐이니 만월이여…… 먼 곳이여!
  내 가슴과 사타구니에 손목 쏙 집어넣어다오
  이마가 뭉클뭉클 피어오르고
  내가 섰던 자리엔 가랑잎만 한 장 달빛을 먹고 있을 것이다
  물소리가 조바심으로 가슴을 데리러 오면
  참으로 난해한 만월이 가슴에서 빛났다

진흙별에서

요즘은
바람 불면 뼈가
살 속에서 한쪽으로 눕는다

꽃잎이 검은 무늬를 쓰고
내 눈에서 떨어져
발등을 깨친다

나는 안 보이는 나라를 편애하는 것이 틀림없어

이 진흙별에서 별빛까지는 얼마만큼 멀까

II

붉은 구름

가고 남은 길은 모두 붉은 구름
西海 해상에 둥글게 내려오는 저 붉은 구름
太平聖代를 잘못 운 갈매기 울음도 다 붉은 구름
이 공터에
아관파천한 풀아
자꾸 이곳으로 모여드는 풀아
풀아 파르르 치떠는 풀아
풀의 온몸이 저 붉은 구름 속을 부들부들 읽는다
가다가 잃은 길 다 붉은 구름

붉은 구름의 세월이었네

눈보라
────명동에서

막 퍼붓는, 나를
특별시 명동 켄터키 후라이드 치킨집
처마 밑에 세우고
몰아치는 눈보라
한꺼번에 정신없이
명동을 두들겨
깊은 골짜기로 幻한다

목청이 제 몸보다
수천만 배가 큰
눈송이만한 새가
절〔寺〕 처마에 와서 목울대를
오르내리며 운다

울음이 명동을 다 덮지만
아무도 귀는 없다 아무도

휘황한 골짜기

나비를 타고

해가 바뀌고 첫 나비를 본다
심전도 검사 눈금모양
절뚝절뚝 날개를 저어간다
난 그 그늘이 지나간 곳을 밟는다
어디로 가는가
내 등과 머리를 열고
철근의 나비들이 날아올라 허공을
노랗게 절뚝인다
절뚝절뚝 종각에서
시청 쪽으로 꺾어진다
봄이 뚝! 하고 꺾어져
나비 날개 속으로 들어가듯 나는
시청 지하철로 들어간다
그때 누군가 나를 가로막는다
나비는 흔적도 없고
내 등과 머리는 좀체 아물지 않는다

모란의 누설

바람들이 모여 쌀겨처럼 웃다 가고
햇빛들이 어룽어룽 몸을 말리다 떠나고

허기진 사랑과
여러 갈피 파본인 꿈이
매일 밤 곁에 누웠다 돌아가는
혈흔 뜬 세월

누설하는
모란모란꽃모란모란모란모란꽃！！！！꽃
모란모란！！！！！！！！！！！모란꽃모
란！！！！！！모란모란꽃！！！！！！란

모란이 피어 봄은
명치가 아픕니다

종일 손가락을 깨물다

앓다 나와
물끄러미 장미꽃을 바라본다
눈감은 사이 문득
낙타가 걸어온다

눈뜨면
우리나라의 모든 국경이
모래바람으로 날아드는
철책 위 봄날
넘어가는
피투성이 낙타떼

비단길을 바라보며
종일 손가락을 깨물었다

무 꽃

혼자 한 번 간 길도 길일까
무꽃이 피었습니다 하고 몰래 숨어 가는 길
혼자 한 번 가는 길 남들 다 자리잡고
피었다가 간 언덕 아래 깃발도 없이
깃대도 없이
몸뚱이 하나로 당도하는 늦은 봄의
저 혼자 오는 가슴을
우 우—— 화염병처럼
무밭에 피웠다
앞뒷길 모두 풀과 나무의 푸른 바리케이드로 막힌
곳에서 성스러운 늦은 봄을 위하여
숨가쁜 며칠을 살고 혼자 가는 길
아무도 걷지 않는 길
도 길일까
나의 노란 고름들이
늦봄을 이끌고 어디 어디로 간다

5 월

아는가,
찬밥에 말아먹는 사랑을
치한처럼 봄이 오고
봄의 상처인 꽃과
꽃의 흉터로 남는 열매
앵두나무가 지난날의 기억을 더듬어
앵두꽃잎을 내밀 듯
세월의 흉터인 우리들
요즘 근황은
사랑을 물말아먹고
헛간처럼 일어서
서툰 봄볕을 받는다

라일락 밑

바람도 없는데
라일락꽃이 후두두둑 떨어진다
매맞는 五月의
뜰 꽃잎에 속이 울리고
담벽을 닫은 유인물에서
충혈된 절벽들이 뛰어내린다
일제히 발등을 들어올리는 풀포기들
라일락 밑은 죄다 멍투성이다

햇빛이 날 사랑하사

햇빛이 맑으니까 애인이 쑤신다
지난 겨울 쑤시다가 멈춘 가는
나무의 곁가지가 쑤시고
시냇물이 말갛게 쑤신다
햇빛이 맑으니까 맑음도 쑤시고
판자가, 미문화원이
교보가, 구리 이순신이 쑤신다
햇빛이 날 사랑하사
落法에 익숙한 꿈
귀에 왜가리 울음만 가득한 하루
향기들이 좀처럼 향기로워지지 않는다

얼굴을 닫고

언 땅이 녹아
엉망진창의 봄날 난데없이
개개비가 운다 여기는 마폰데
먼 곳까지 왔다
귀를 따고 들어오는 개개비
울음에 질척이는 밥벌이 길
후레자식처럼
보도블록 틈서리에
무슨 풋것들이 삐죽삐죽 올라온다
자세히 보니 화농 같다
내가 그들에게 들켰다
자동차 수리점에서 개개비 울음을 들은 죄
그게 죄다
보도블록 틈서리 속 실눈빛아
용서할 수 없는 것이 너무 많은
눈이 아주 곱다
난 얼굴을 닫고
흐르는 구름에게 얼굴을 다 준다
엉망의 봄날 마포 밥벌이 길
따귀 맞은 검은 구름의 표정으로 얼굴을 닫고
염소처럼 다시 길을 간다

마음이 중얼중얼 떠올라

마음이 중얼중얼 떠올라 얼굴을 뭉갤 때
밖으로 나가는 길
다 비워놓고
흙 파먹고 살라라고
공책 밖에서 공책 안으로 일기를 써넣었네

온몸을 떠도는 피 속에 낙태한
집 한 채 띄우고
나를 깡그리 배반하는 내 말들
술에 풀어 띄우고 둥근
길 위로 노저어 떠돌 때
봄은 자기가 봄인 줄도 모르고 와
落傷한 사람이 몇
비바람으로 내 온몸을 떠도네

아 종일 녹두밭에 파랑새 날아드는
숨차고 지루한 또 하루를 해질녘의
안에서 밖으로 보겠네

밥을 먹으며

밥을 먹을 때 나는 자주
밥 냄새 끝까지 달아나 있다
밥의 기억 모두 낙엽져 앙상한
마을, 내려와 넓은 숨을 쉬는 하늘가에서
이름 버리고
빈 그릇을 달그락거리기도 한다
어느 미래에 나는 배고프지 않은 기억 밑으로
수저를 던질 것인가
내 영혼의 싱싱한 지느러미 속에
차고 단단한 잔별들이 뜰 때
나는 조용히 수저를 놓고 그들과 함께
몸 비틀며 반짝일 것이다
밥을 먹을 때 나는 자주 기억도 끝나는 곳을 病처럼
다녀오곤 한다

물방울 방

뿌글거리며 저기 저 저 저 저어, 밑으로부터
떠오르는 방

안으로 버짐 핀 아낙과
새끼들이 다 들어가고

헐벗은 사내는 그
방을 껴안고
늙은 비둘기처럼,
늙은 비둘기처럼…… 그러고도
환한 방
그러다가 그냥 환한 것이 되는
무엇이 되는 것이 아닌 방

지는 해가 물 다 건너가도록

생선구이 백반

구운 생선의 뼈를 바르고 있을 때
누군가 등뒤에서
어깨를 툭 치며
"뭐해?" 할 것 같다
나는 지금 뭐하는가
나는 지금
◁|H+K 여!
비 쏟아질 듯 꾸물꾸물한 충무로 밥집 골목 위에 뜬
멍석 하늘

개밥바라기가 옹관 같은 눈동자로

초저녁 개밥바라기가 옹관 같은 눈동자로
우리들을 내려다본다
세상은 오래 된 웅덩이처럼 컴컴해지고
무덤들은 침착하고 참한 표정으로 둥그러져 있다
처녀들은 치마를 걷고 자기 웅덩이를 바라본다
우리는 웅덩이에 낯을 씻고
씻은 낯을 개밥바라기에게 비춘다
'얼굴이 모두 같군
솎아낸 시금치야'
뒷짐을 지고 우리를 내려다보는 개밥바라기
祖上들은 우릴 솎아서 내버린 걸까

세월의 집

하늘의 후문 같다
널빤지처럼 떠 있는 구름
못끝 박힌 빛살들에
눈 다치고
어디론가 行不인 나는
도대체 만기가 없다
사랑 없이 세월의 자궁 속에
꽃들 떨어져
아 아파라
발이 빠져나오지 않는다
세월 없는 세월이 그리운 죄로
그 不法으로
하루해 시름시름 꺼져내려
눈에 긁히는
이 더러운

桃源에서

복숭아를 먹고
남은 복숭아나무의 마음을 어디다
함부로 버릴 수 없는 마음일 때

하늘이 나를 어쩌지 못하고
복숭앗빛을 띠어가는 서쪽 하늘일 때

노을 쪽으로 길이 나면
많은 사람들은 밀물처럼
양떼들처럼 그곳으로 가리라
복숭아나무의 마음 쪽으로

봄, 복숭아꽃 뜬 마음이
땅에 꽉! 붙어 흘러온 곳

세월의 참한 그루터기

반달 간다

어깨가 무거운
게가 한 마리 별빛을 짚으며
걸어가는 서쪽 하늘
어딘가 잘리지 않은 몸으론 다 갈 수 없는 곳이 있나
보다 반달 간다
꽃 못 핀 풀들은 마른 몸 비틀어 뿌리로 숨는다 아무도
나를 보지 마라!
게가 한 마리 불빛을 찍으며 가는
골목 위 반달
흔들리던 문 걸면 전신으로 흔들리는
집 나와 집으로 가는 길
아픈 몸에서 아픈 몸으로 가는 길
누군가 날 보아 물 고이게 하고
살[肉]엔지 마음엔지 반달 가게 하나

나에게 온통 젖어버리는

썰물에서 눈을 만났다
눈을 만나 어깨가 다 젖었다
눈에 어깨를 잃고, 마음은 썰물을 따라가고

바람이 불었다
눈보라 나를 싸안고 썰물 위로 걸었다
비명을 참으며 몸 뒤채는 파도들

곁에
오래 있기 아팠으나
……오래도록
나를 데리러 오는 길은 없다

나에게 온통 젖어버리는 눈보라

감자를 먹는 노인

1

감자를 먹는 노인을 본다
빈 접시처럼 열린 눈 속에
길게 걸어들어가는 사막
시내 거리에서 차들이 바람에 날렸다

2

감자를 먹는 노인 속에
감자를 먹지 않는 노인
죽음이 허전하지 않도록
흔들리는 팔과 다리에도 감자를 먹이고
감자를 먹지 않는 노인
빈 접시처럼 열린 눈 속에
낯설게 떴던 달이 진다

감자를 먹던 노인을 데리고
달이 지는구나

III

그리운 시냇가

내가 반 웃고
당신이 반 웃고
아기 낳으면
돌멩이 같은 아기 낳으면
그 돌멩이 꽃처럼 피어
깊고 아득히 골짜기로 올라가리라
아무도 그곳까지 이르진 못하리라
가끔 시냇물에 붉은 꽃이 섞여내려
마을을 환히 적시리라
사람들, 한잠도 자지 못하리

저녁의 우울

여의도 분식집에서 저녁밥을 먹고 강변을 걸었다
강은 내게 오래 된 저녁과 속이 터진 어둠을 보여주며
세상을 내려갔다
청둥오리도 몇 마리 산문처럼 물 위에 떴다
날곤 날곤 했다 그러면 강은 끼루루룩 울었다
내가 너덧 개의 발걸음으로 강을 걷는 것은
보고 싶은 자가 내가 닿을 수 없는 멀리에 있는
사사로운 까닭이지만, 새가 나는데 강이 우는 것은
울며 갑작스레 내 발치에서 철썩이는 것은 이 저녁을
어찌하겠다는 뜻일까

꽃 본 지 오래인 듯

가을 꽃을 봅니다
몇 포기 바람과 함께하는 살림
바람과 나누는 말들에
귀기울여
굳은 혀를 풀고요
그 철늦은 흔들림에 소리 나는
아이 울음 듣고요
우리가 스무 살이 넘도록 배우지 못한
우리를 맞는 갖은 설움
그런 것들에 손바닥 비비다보면요
애야 가자 길이 멀다
西山이 내려와 어깨를 밉니다
그때 우리는 당나귀처럼 고개를 끄덕이며
타박타박 길도 없이
가는 곳이 길이거니
꽃 본 지 오래인 듯 떠납니다
가을은 가구요

젖은 달이 떴어

젖은 달이 떴어
충치 많은 마음은
철길 근처에서 녹슬고
임신한 나방들 나의
욕망의 잎사귀 밑에서 날았어

몇 개월째 잠으로 하역되는 달빛
이곳 저곳 태업하는 잠
젖은 달이 떴다가 지는 동안
아프지 않은 곳이 없었어
아름다운 파탄이었어

철길 근처에서
녹슨 마음 다시 녹슬고 사랑의
瞳孔 속엔
이를 잡아 배를 채우는 거지들이
가득했어
젖은 달이 떴어

눈 길

밤사이 눈 멎고
햇빛들 먼 길을 와서
쌓인 적막 위에 얼굴을 비빌 때 우리는
햇빛이 오듯
그에게 갈 수 없는 것이냐

오랫동안 눈 내려
지워지지 않은 것 없는데
길은 눈에 묻혀도 여전히 두근거려
적막이여
눈길 적시며 우리가 그에게 닿을 수 없다면
상처에 아픔 안기듯 선명한 표정으로
우리를 안아다오
적막이 되어
가지 못할 곳이 있었던가

영혼까지는 멀고 험해
마른침을 넘기는 눈길
눈···길

배호 1

내 휘파람 속을
눈발이 친다
양철북을 두드리며
산 세월
아버지는 빅 사운드 카세트를 귀에 넣고
우리집 굴뚝 위 연기는
우리집을 어디론가 데리고 가고 싶어했지
그 연기를 나는
너무 많이 보았다

배호 2

비 오다 그쳤다 해 나고
빗물 고인 길바닥
구름 지나는 것 한참 보인다
하늘의 한쪽이 문득 내려와
나를 데리러 내려와
발바닥이 시끄러워한다

배호 3
——눈이 오는 건 그녀가 내게 오기 때문이야

신촌 크리스탈백화점 앞에서 눈을 맞는다
눈이 오니까 그녀는 지금
눈길을 오리라
그녀 뒤의 발자국을 눈은 지우리라
자꾸 눈발은 등을 민다 그녀는
등을 밀리며 오리라 리어카 스피커에서
한 생애가 쏟아져나와
쉽게 살얼음이 되는 것 바라보며
사람들은 찬 이마와 머리칼을 데리고
어디로 가나 그녀는 지금
손아귀에 깊은 골짜기를 쥐고 오리라
눈길을 오며 그녀는 아이를 가지리라
재개봉 영화 간판을 올리며 눈발 속의 한 인부가
흑백 화면처럼 저녁을 가린다
강화버스 쪽으로 골목 하나 사라지고
그 자리에 적막한 불빛을 물고
강화버스가 두런두런 들어선다
골짜기 내게 가까워 어깨에 묻은 눈을 털고
말없이 손을 잡고 나는
그녀에게 入山한다

눈길을 다시 가며 그녀는 호두나무꽃 같은
아이를 가지리라

배호 4

돌배나무가 떨고 있다

저 나무가 꽃이 피면
殺意처럼
꽃이 피면 청춘은
돌배나무 아래 사지를 펴고 그러면
저 나무는 청춘을 묻은
흰 무덤이 되는 거야

돌배나무가 이번엔
춤 속에 가만히 서 있다

불 꺼진 하얀 네 손바닥

내가 온통 흐느끼는 나뭇가지 끝에서
다가갈 곳 다한 바람처럼 정처 없어할 때
너는 내게 몇 구절의 햇빛으로 읽혀진다
가슴 두드리는 그리움들도
묵은 기억들이 살아와 울자고 청하는 눈물도
눈에 어려
몇 구절 햇빛으로 읽혀진다
불 꺼진 하얀 네 손바닥
햇빛 속에서 자꾸 나를 부르는 손짓

우리가 만나 햇빛 위를 떠오르는 어지러움이 된다면
우리가 서로 꼭 껴안고서 물방울이 된다면
정처 없는 발자국 위에도
꽃이 피어나지 않고는 배기지 못하리

기러기 간다

기러기 간다 깊은 달밤을 떠메고
기러기는 간다 기러기 날아간 내 눈에
갑자기 울창해지는 기러기 울음

그날 모래밥을 먹고 나는
내 발길을 따라갔었다
보이지 않는 것들이 나를 밖으로 밀었다
종일토록 아무 곳에도 닿지 못하는
봄 물맛은 희망보다 쓰고
내 눈빛 안에서
무너지지 않는 것은 아무것도 없었다
끝내 물오르지 않는 그날 하루
누가 나를 바라다보는지 내 걸음도 자꾸 깎여
부단히 낮아질 때
잠보다 먼저 꿈이 왔다
가끔 흉한 꿈에 찔리는 잠이 아팠다

사람이 삶보다 급히 경사지는 잠을 뚫고
기러기 간다 더 깊어질 곳 없는 겨울 한철 떠메고
기럭기럭 그리움만

울창히 서 있는 검은 산 넘어
간다 기러기 간 구멍으로 봄은 올까 기러기는 갔다
(끝에 '나도 기러기 가자'고 썼다가 지우는 마음이 자갈밭 같다)

風笛 1

네 눈동자 속 마른 나뭇잎
네 눈동자 속 때 절은 내
청춘의 숙박부
네 눈동자 속
느닷없는 우박떼

허공 가득 한꺼번에 두리번두리번, 토란잎들

風笛 2

날 개이면 나
햇빛을 따라나서리
부르튼 걸음걸이를 갈아끼우고 가리
추억은 마르고
영혼은 얼마나 가벼울 것인가
가슴으로 걸어본 사람은 기억하리

햇빛은 내 헐거운 손목을 붙잡고
석양까지 가리
적막이 내 걸음을 다 가지리

캄캄해오는 저녁,
지푸라기들로 마른 목을 축이던
세월들을 탄식하리
탄식 속에 박힌 모래들 손등으로 문지르리
비단 같은 탄식은 얼굴을 흐르리

내 눈은 드넓은 노래를 가득 반짝이리

風笛 3
──경포

바닷가에 가
바닷가에 놓아둔다
소나무숲은 마음속에 있다

어둔 시간이 와 있다
가슴에서 누군가 살림을 하고
작은 시냇가를 건너가는 나무다리
지나가면, 슘아냈던 슬픔들이 삐걱삐걱
알은체를 한다

나는 바닷가가 되어 있고
소나무숲은 육신 가득 수런거린다

風笛 4
──물치 근처

종일 시냇물 흐르는 소리를 들었습니다
사랑에 관하여 하늘은
눈이 내릴 듯하고
새가 와서
발자국을 선물하고 갔습니다
마음에, 속씨가 말갛게 비치는 빨간
겨울 팥배 같은 등불을
달아놓고 싶습니다
서러움이 안 보일까 무서워

하늘은 두근두근
눈이 내릴 듯하고

風笛 5
―― 홍대 앞

장미꽃이 피었네
열매도 없는 게 한량없이 붉네

나는 열망으로 가득한 桶
빈 바다의 뗏목

시퍼런 가시들을 들고
얼마나 멀리까지 가서
구걸해온 빛깔들인가
붉은 탁발승이 담장에 누더기 누더기 피었네

風笛 6
—— 한강변

몸의 길은 서풍을 따라서 흘러간다

골육상잔에 엉기어
저녁이면 늘 피멍이 가까운 하늘을 모두 덮어 나는
멀리 몸의 길 끝까지…… 나뭇잎 다 지도록
온 대지가 맑은 눈동자 속인 그곳으로

서풍에 휘어진 붉은 햇살들을 붙잡고

風笛 7

충무로 입구 얼룩진 바람이 팔짱을 꼈어
나는 그때 숨을 풀고
땅에 배를 대고 흐르기 시작했어

퇴계로에 이르고
퇴계로는 다시
불빛 아래 오래 생각에 잠겼다
사라져버렸어
깨어보니 걸어가고 있었어
온 몸뚱이가 지팡이가 되어

발등에 못 보던 별자리가 생겼군

風笛 8
──서포리

어디 고요한 곳에 가 누우면
살은 고요함이 다 불러가고
뼛속으로 들어간 내 눈은
고요한 바람을 적시리

고요함에 귀를 하나 더 달아주면

가슴은 귀에 다 들어가
하염없이 낮아지고,
낮아짐에 다 잦아들어버리고

風笛 9
—— 소월로

창백한 시간들이 밀려
바람이 다 자고
나뭇잎들이 으슥, 이빨 시린 표정들을 할 때
—— 한낮인데
찬 별 하나가 나를 내려본다
눈이 깊은
바람은 자면서 나를 올려다
보고 있다
눈이 시다
세상엔
죽음만 눈이 부신 것이 아니라

風笛 10

그대에게 올라가는 사닥다리가
너무 길었구나

허공에 房을 들이고 앉았다가
진눈깨비처럼 쏟아진다

겨울 洞口

잎 가지지 못한 삶이 서 있고
사람 없는 집들이 즐비한 길 위로
밭이 있고 포도나무가 있다
포도나무는 밭을 포도밭으로 만들고 있지만
길들이 모두 집에 와 닿는 저녁이 와도
빈집들은 이 마을을
빈 마을 이외로는 만들지 못한다
잎 가진 삶이 다 유배당한
겨울 洞口

무성 영화
—— 春史

한 여자와 원두막에 앉아 있다
저녁이 오고
원두막 근처가 어두워졌다
포도밭이 발 아래서 먼저 어둡고
마음이 따라서 어두워졌다
불이, 백열등이 들어왔다
백열등에 나방이 와서 몸뚱이를 부딪는다
우리 앉은 자리를 휘젓는, 징그럽게 큰 그림자

무서워서 우리는 물방울이 되었다
어둠 속에서 풀꽃 하나가 조용히 기울었으리

IV

기압골의 집

삼천리 금수강산 모두에 비 내리지 못하고
서해 일부 해상에만 뿌리던 빗속에서
우리집은 지붕 아래에 습관처럼 토방과
마루 그리고 밥과 감자를 삶는 부엌을
간직했다 밭과 논에 널려 있던 어둠들이 비를 피해
집으로 몰렸고 그림자가 짖은
바람도 울타리를 흔들었다 일광에 살찐
눈물들이 낮은 곳으로 흘러가고 가끔
목이 멜 때는 추녀 끝이나 살구나무 늑골 아래에
고이기도 하였다 비가 올 때는 앞바다가
더욱 가까이 다가와 숨죽였다 저물어도
환한 바다의 복판으로 눈먼 고기떼들이
몰려와 콩깻묵 같은 마을의 불빛과 낯설게
놀다간 돌아갔다 옹기종기 물살에
떠는 앞바다 섬들은 우리집 눅눅한 가족사처럼
뿌리가 후들거리고 뿌리에 뿌리를
다시 박으며 자라나는
서해 일부 해상의 여름 어느 날
내린 비는 흘러서 바다로 갔다 아무것도
가지고 가진 않았다

비 맞는 잠

1

빗방울 떨어지고
바람이 봉숭아꽃을
윽박지르며 불고

비를 피해 나는 두 다리를 싸안고
낮잠 든다
공복으로 찌르르르 이어지는 잠

2

비 맞는 풀
물 싫은 여름풀
이마를 흔들어 제 키 위에
빈 몸뚱이 하나의 살림을
흔든다
아무도 보는 이 없고
밑뿌리들이 하얗게
울고 있다

3
아들이 업고 있는 아버지풀
비가 몰아치면
업은 아버질 내려놓지 못해
같이 엎어지는

비 맞는 잠

초저녁 '밥별'이라는 별

저녁때 밥을 먹습니다
저녁때 된장에 마른 멸치를 찍어 먹습니다
자꾸 목이 막혀 찬물도 몇 모금씩 마십니다
좀더 어둡자 남쪽 하늘에 별이 떴습니다
그 별 오랫동안 쳐다보며 씹는 저녁밥
속으로 나는 그 별을 '밥별'이라고 이름붙입니다
어느 틈엔가 그 별이 무척 신 얼굴로 진저리치며 빛납니다
눈에 어려 떨어질 듯
어느덧 그 별 내 들숨을 타고 들어와
마음에 떴습니다
누군가가 떠서 초저녁 저무는 마음을 내려다봅니다
삶은 드렁칡, 삶은 드렁칡, 마음 엉키고
눈에 드렁칡처럼 얽히는 별의 빛이여

德積島 詩

1 해질녘

아버지는 종일 모래밭에 와서 놀더라
아버지는 저녁까지 모래밭에 숨을 놓고 놀다
모래알 속에 아들과 딸을 따뜻이 낳아두고 놀다 가더라
해당화밭이 애타는 저녁까지

소야도가 문갑도로 문갑도가 다시 굴업도로
해거름을 넘길 때
1950년이나 1919년이나 그 以前이
물살에 떠밀려와 놀다 가더라

2 섬집

그러니까 밀물이
모래를 적시는 소리가
고요하게 불 끄고 잠든 마을 집들의 지붕을 넘어
우리집 뒷마당 가득하게 될 때나
우리집 뒷마당도 넘쳐 내 숨을 적실 때
달팽이관 저 깊이
모래알과 모래알 사이 물방울의 길처럼 세상은
내 뒤를 따라오지 못하고 나는

배고파도 그
속에서 나오기 싫었다

지금은 그 물결 소리가 무엇을 적시는지
내가 숨차졌다

     3 밥 먹구 자

학교에서 돌아와
내가 집이 되어 무섭게
집을 품고 있노라면 털썩
나무 갔다 온 엄마가
하얀 별 아래
헛간 아래
나뭇동 아래
까맣게 어둠 아래서
밥을 짓고
나는 아궁이에 타는 불의 뜻 모를
箴言 속에 잠이 들어
밥 먹구 자
나를 언덕에서 떨어뜨리는, 자

지금은 스물세 살 겨울 어느 날 새벽 세시 정말 밥 먹구
반성처럼 잠이 온다 밥 먹구 자
나는 불 속으로 걸어 들어간다

4 가을行

차게 불이 탑니다 당신 이름이 탑니다 길을 비켜선 활
엽의 나무 그루들 조금 더 목말랐으면 나는 물을 마실 뻔
하였습니다

  차게 타는 불

추억에서의 헤매임

1

추억이 아픈 모양이다
손톱 속으로 환한 구름이 보이고
길모퉁이를 지키는 별이
낭하 긴 가슴을 눈여겨 쳐다본다
겨울이 오고 눈이 내리면
눈발들에게 방을 내줄
커다란 나뭇잎
추억의 음악이 떨리는 모양이다
답십리 쪽에서 구겨진 도화지처럼 연기가 올라간다
황무지 다섯 평
나의 마음이
눈빛이 딱딱한 마른 물고기를 구워 소풍가고 싶어한다

2

옛집 집 앞 옥수수밭에 바람이 덮치나
가슴이 실타래처럼 얽힌다
얽힌 실타래 속 물고기 한 마리
입 속에 환한 불이 켜져 있다

어머니는 해마다 밭둑에 옥수수를 심어
우리집 울음을 대신 울게 했지 아침이면
차마 눈으로 볼 수 없는 옥수숫대가 있었어

3
새벽에 가을 나무를 보면
애정이 꽃피던 시절이 있었다
사랑이 다 바람 불어간 후
근심의 밑바닥을 바라보면
비로소 애정이 꽃피는,
가지들이 너무 무거웠으므로 나는 너그럽지 못했다

나는 오늘밤 마른 물고기를 타고
진흙별에까지 가야 한다
그곳에 두 눈 친친 동여맨 나의 사랑이 있으므로

당나귀에 관한 추억

1 마부
당나귀의 짐과 당나귀 귓속에 자꾸만
저녁 노을을 부어주는 馬夫
상수리나무 밑을 지날 때는
잎사귀마다
식솔들 눈빛도 보았으나
개울을 건너 어둠이 오고
어둠이 마을 집들의 굴뚝을 허물 땐
길도 걸음을 이기지 못하다

2 달밤
달빛들은 다
나귀 눈이 좋고
나귀 귀가 좋다
달빛들은
갈대의 사이를 가기도 하고
등성이 길을 넘기도 하다가
새벽이면 나귀를 타고
눈이 부어 돌아온다
슬프게 죽은 사람들은 다

나귀가 좋다

     3 빗속 나귀
칸나꽃이 많은 여름은 비가 많다
나귀
종일 제자리에 서서 젖으며, 젖지 않게
칸나꽃을 잠속으로 불러들일 적에
이미 개울이 붉다

서울을 불러들이는 개울
물끄러미 바라보는 당나귀

     4 나귀 걸음
당나귀를 타고 가다가 배가 고프면
그걸 잡아먹어야 하나
잡아먹고 슬퍼
죽어야 하나

당나귀는 걸음이 어여쁜 짐승이다

산길이 산을 내려와

산길이 산을 내려와
밤풀 같은 마을의 불빛에 젖는다
들녘 끝에서 어둠이 되어 돌아오는
식구들의 그늘로 이제는
부르튼 발바닥 그림자를 깔아주며
가야겠다 늦은 저녁,
잠들면 잠속에서 감자알이 여물고
어느 날은 몸 곳곳에 들깨를 모종하고, 울타리에서
불을 켠 해바라기의 키가
잠 밖으로 자라오르기도 하였다
기다려도 빈 나뭇가지에서는
싹이 나지 않았다 봄으로
길을 내는 방목의 들풀들
그들의 아름다운 이름으로
먼 불빛 하나둘 흔들리며
꺼지며 잠자리 찾고 있었다
산길이 산을 내려와 문득
뒤돌아보면 따라내려오는
저문 산, 물을 건너면
먼저 건너가 뒤돌아보는 저문 산,

얼마나 더 저물어야
우리들 꿈의 뿌리가 뒤로 돌아
우리를 부를 것인가
너무 넓은 자정의 하늘, 산길이
물결치는 하루의 언덕에서
멀미를 하고 있다

들판이 나를 불러

바람에 흔들리러 집 나온
들꽃들을 보겠네
봄 들판이 나를 불러 그것들을 보여주네 갑자기 저,
노을을 헤쳐가는 새들
의 숨소리가 가까이 들리네 숨가쁨이 삶이 아니라면
온 들판 저 노을이 새들을 끌고 내려와 덮인들
아름답겠나

봄은
참았던 말들 다 데려다 어디서 어디까지 웅얼대는 걸까
울컥
떠오르는 꽃 한 송이가 온
세상 흔드는 것 보겠네

오래 서 있으면 뿌리가 아프고
어둠은 어느새 내 뿌리 근처에 내려와 속닥거리고
내 발소리 어둠에 뒹굴다 별이
되면 거기
내 뿌리가 하얗게 글썽임에 젖고 있네
살아 있는 것이 글썽임이 아니라면 온

하늘 별로 채워진들
아름답겠나 그렇게 봄
들판은 나를 불러 봄 들판이게 하고

아버지를 기억함

깊은 밤중에 작은 물소리와 만나
아버지에게로 가네
하얀 돛배 떠다니고
꽃 떠다니고
깊은 돌 속에는 아버지가 그리워하던 그의 아버지
윗골 오르는 길마다 굶주림처럼 달빛 무너져
묵은 밭들과 대〔竹〕와 집을 적시네

온 생애 고운 것으로 아프던 꽃
길 처음에서 길 끝까지 열 손가락이 다 저린
눈물 가득한 꽃
손자 젖니 나고 말 배워 할아버지 이름 알 때
어디선가 수천수만의 꽃잎들이 떠와
설움을 덮고 맴돌았네

깊은 밤 작은 물소리에
아버지 이름 꽃피어나
아버지 그늘 아래 아무도 몰래
한반도가 쑤욱 들어가 눕는 것 보이네

귀순하는 저녁

어느덧 내 어깨에 조용히 얼굴을 묻는 노을
풍향계가 침묵의 방향을 가리키고 있다
아무도 가르쳐주지 않은 곳에서
저녁은 오고 별은 떠서 글썽인다
자전거를 타고 출렁이는 아이들
다 돌아간 뒤
빈 그네에 제 무게를 얹은 몇 가닥의
바람을 본다
말뚝처럼 서서 나는
어떤 욕망에 내 무게를 얹어볼 것인지
눈감아 우물처럼
내 안으로 내려간다
온 세상이 으깨진 불빛으로 가득하다
꿈도 발등이 찍혀 있다 바람에
싸늘히 손바닥 뒤집는 잎들, 지붕들
나는 둘러친 國境을 넘어
흔들리는 작은 불빛마다 발자국을 찍는다
멀리 바람으로 귀순하는,

귀순하는 저녁

불 꺼진 집

집을 찾다가 눈발을 만나고
어둠을 헤매며 겨우겨우 따라오는
찬 발자국이나 뒤돌아보면
나도 누구에겐가로 눈발처럼 한꺼번에
자우룩이 내려가고 싶네

단풍나무 같은 우리집 나 몰래 이사가버리고

얼음장 깨지는 소리가 마음으로 들어가네

해변의 묘지

내 어린 날 속엔 해변의 묘지
노간주나무가 울창했고
중국 할아버지들을 묻던 묘지
햇빛이 테라스에서처럼 내려앉으면
햇빛을 파헤쳐
손등을 마저 묻던 곳
밀물과 썰물이 몸 섞으며 웅성대던
노간주나무 그늘 속
쓰러지는 것들이 많고
눈이 별을 향해 뚜벅뚜벅 썩어들어가는
묘지 언덕
모래가 슬그머니 무너져
바다로 행보를 옮긴다
밤바람 소리가 적막을 정찰한다

기억하지 말아야 할

그대 설움 옥수수밭.
기억하지 말아야 할 일들이 한치 더 자라 쑥덕이는.
강물 너무 쉽게 넘어오는 저녁 오랑캐.
식은 죽처럼 웃는 물의 밤.
젖은 옷을 입고 옥수수밭에 뒤척이러 들어가는 그대.
들이쉬는 숨 끝 물먹은 별.
나와 반씩 나누는 빛.
손바닥 펴 가슴 문질러 지워버릴 터이니 그대.
옥수수밭에서 나와 옥수수밭 다독여 재우고.
모래바람 날리는 내 두 눈 감겨
기억의 등뒤로 못 박아줘.
턱 빠진 기억
기억 뒤에 대못.

내 발자국의 표정

진흙 위에 찍힌 내
발자국의 표정을
알 수는 없으리
한없이 뒤로 걷는
내 발자국에
나비 한 마리 피어오르는 것
아무도 보지 못하리
내 발자국을 데리고 가는 나비의 눈이
말〔言〕이 데리고 가는 삶보다
더 뜨거우리
발자국은
날 흐린 사랑의 여정이었으니
사랑은 늘 길 밖에 찍히고
길 밖은 죽음마저 따뜻해
찬비가 뿌려도
죽음까지 적시진 못하리
내 발자국은
길 없이,
차고 맑은 山꽃 찾아가는
나비에게서나 읽어야 하리

〈해 설〉

'뒤로 걷는' 언어의 꿈

홍 정 선

 필자는 장석남의 고향이 어디인지 모른다. 그리고 실제로 그의 고향이 어디인지를 아는 것은 중요한 일일 수도, 그다지 중요하지 않은 일일 수도 있다. 그렇지만 이번 시집 『새떼들에게로의 망명』을 읽으면서 필자는 그의 고향에 대해 많은 관심을 갖는다. 아니 그의 고향 자체가 아니라 그가 시 속에서 상정하는 고향, 그의 시 속에서 살아 움직이는 고향에 대해 커다란 관심을 갖는다. 그것은 한 개인의 사생활이나 생애에 대한 필자의 유별난 호기심 때문이 아니다. 그것은 다음과 같은 그의 시가 필자에게 강요하는 일이다.

　　내가 반 웃고
　　당신이 반 웃고
　　아기 낳으면

돌멩이 같은 아기 낳으면
그 돌멩이 꽃처럼 피어
깊고 아득히 골짜기로 올라가리라
아무도 그곳까지 이르진 못하리라
가끔 시냇물에 붉은 꽃이 섞여내려
마을을 환히 적시리라
사람들, 한잠도 자지 못하리 ——「그리운 시냇가」 전문

  무릉도원(武陵桃源)에 대한 고사를 연상케 만드는 이 시에서 "깊고 아득한 골짜기" "시냇물" "마을" "사람들"의 근거를 찾는 일은 어쩌면 부질없는 일처럼 보일지도 모른다. 이 이미지들의 주소는 이 땅 위에 존재하는 것이 아니라 사람들의 상상 속에만 존재하는 것이기 때문이다. 우리는 이미 "그 돌멩이 꽃처럼 피어/깊고 아득히 골짜기로 올라가"는 "그곳," "가끔 시냇물에 붉은 꽃이 섞여내려"오는 '그리운 시냇가'가 안내하는 '그곳'은 이 지상의 어느 지점을 향해 있지 않다는 것을 너무나 잘 알고 있으며, 이 점은 시인 역시 마찬가지다. 장석남이 "~리라"라는 추측형 종결어미를 사용하고 있는 데에는 분명히 그런 곳은 찌들린 인간 세상이 만들어낸 꿈일 따름이라는 생각이 작용하고 있는 것이다. 그래서 장석남은 이렇게 말한다. "나는 안 보이는 나라를 편애하는 것이 틀림없어//이 진흙별에서 별빛까지는 얼마만큼 멀까"(「진흙별에서」에서)라고.

  또한 이 지상에 확실한 주소를 갖지 못한 '그곳'은 장석남의 언어 표현을 빌면 거리가 '먼' 곳이다. "진흙별에

서 별빛까지"만큼이나 거리가 먼 곳이다.

> 영혼까지는 **멀고** 험해
> 마른침을 넘기는 눈길
> 눈⋯⋯⋯⋯⋯⋯⋯⋯⋯⋯⋯⋯⋯길   ──「눈길」에서

> 내가 그믐이니 만월이여⋯⋯ **먼 곳**이여!
>   ──「내가 그믐이니」에서

 먼 곳, 인간의 상상만이 도달할 수 있는 '먼' '그곳'은 길이 있어도 보이지 않는다. 우리는 '진흙별' 위를 헤매며 '그곳'에 이르는 길을 찾는다. 그러나 길은 보이지 않고 '그곳'에서 우리를 데리러 오지도 않는다. 그래서 우리는 어쩔 수 없이 "비명을 참으며 몸 뒤채는 파도들//곁에," 여기 이곳에 있다.

> 오래 있기 아팠으나
> ⋯⋯오래도록
> 나를 데리러 오는 길은 없다
>   ──「나에게 온통 젖어버리는」에서

 그렇다면 장석남의 시에서 이렇게 상정되는 그곳을 찾는 일은 부질없는 일이 아닐까? 존재하지 않는 그곳을 도대체 어디에서 우리가 찾을 수 있을 것인가? 그곳은 행복했던 유년기에 대한 추억의 편린들 속에 잠시 그 그림자를 비춰줄까? 문득 떠오르는 어머니의 표정 속에 들어 있

었던 어떤 것일까? 그러나 완전히 절망할 필요는 없다. 장석남의 시 속에서 우리가 순수한 유토피아로서의 '그곳' 그 자체를 찾아내는 것은 불가능할지 모르지만 적어도 '그곳'을 이야기하는 언어들의 주소는 찾을 수가 있는 까닭이다. 그가 구사하는 그 언어들은 자신의 출생지와 성장지의 빛깔과 이미지를 잃지 않은 채 우리들에게 '그곳'에 대한 그리움을 일깨워주고 있기 때문에 우리는 '그곳'의 근처에는 접근해볼 수가 있는 까닭이다.

필자는 이 글의 첫머리에서 장석남의 시를 읽으면서 그의 고향에 대해 많은 관심을 갖게 되었다고 했다. 그리고 그러한 관심은 자의적 선택에 의한 것이 아니라 「그리운 시냇가」와 같은 시가 필자에게 강요하는 것이라고 썼었다. 필자가 첫머리에서 그렇게 쓴 이유는 이제 분명하다. 그의 시는 우리에게 반복적으로 되풀이하고 있는 시어들과 그 시어들이 환기시키는 이미지들의 고향에 대해 관심을 가질 것을 요구하고 있는 것이다. 그의 시가 이야기하는 삶의 쓸쓸함, 정처 없음, 외로움과 슬픔, 그리고 이러한 정서 저편에 있는 어떤 유토피아에 대한 꿈—이 모든 것들은 실상 누구나 다 가질 수 있는 생각들인데 그것들을 장석남의 것으로 만들어주는 것은 바로 그의 시어들이며, 그 시어들은 그것들을 사용하는 사람의 출생지와 성장지의 내력들을 담지하고 있는 것이다. 그래서 우리는 「그리운 시냇가」와 같은 시를 현실적인 세계로 끌어내릴 수 있다.

「그리운 시냇가」에서 우리를 그의 고향으로 이끄는 시구는 "휘황한 골짜기"이다. 주의 깊은 독자들은 장석남의 시에서 '환하다' '휘황하다'는 말이 자주 사용되는 것을 쉽게 발견할 수 있다. 이 말들은 유년기에 아궁이에 불을 지피던 기억과 결부되어 그를 과거의 시간 속으로 인도한다. 주위를 환하게 밝히는 "불길, 불의 길 위로" 흐르는 시간은 그를 회상으로 이끄는 장치인 것이다.

> 부지깽이로 불길을 어루만지고 있을 때
> 불 위를 걸어와 내 얼굴 뒤로
> 한 남루한 옷차림이 지나갔다
> ——「군불을 지피며 3」에서

따라서 장석남이 마련해놓은 이런 회상과 기억의 장치를 따라가는 우리에게 「눈보라」라는 시에서 먼저 눈에 띄는 것이 '휘황한'이란 단어가 되는 것은 당연하다. 눈이 내려 휘황하게 밝아진 거리는 아궁이의 불처럼 그를 기억으로 이끄는 터널이 된다. 그리고 그 터널을 따라 들어간 시간 속에서 화자는 어느덧 눈보라가 몰아치는 명동 거리를 그가 자란 시골의 어느 산골짜기로 바꾸어 생각하게 된다.

> 막 퍼붓는, 나를
> 특별시 명동 켄터키 후라이드 치킨집
> 처마 밑에 세우고
> 몰아치는 눈보라
> 한꺼번에 정신없이
> 명동을 두들겨

깊은 골짜기로 幻한다　　　　　——「눈보라」에서

　밝은 불빛의 이미지가 화자를 고향에 대한 기억 속으로 끌어들이는 그 같은 모습은 다음 시에서 좀더 선명하게 드러난다. 화자는 어머니가 지피는 아궁이의 불에 대한 기억을 따라 환한 "불 속으로 걸어 들어간다." 그 속에는 유년기에 화자가 경험했던 집채 같은 외로움과 기다림과 배고픔이 있다. 그럼에도 불구하고 기억 속의 그 세계는 스물세 살 나이의 지금 자신의 삶보다 훨씬 행복하다.

　학교에서 돌아와/내가 집이 되어 무섭게/집을 품고 있노라면 털썩/나무 갔다 온 엄마가/하얀 별 아래/헛간 아래/나뭇동 아래/까맣게 어둠 아래서/밥을 짓고/나는 아궁이에 타는 불의 뜻 모를/箴言 속에 잠이 들어/밥 먹구 자/나를 언덕에서 떨어뜨리는, 자/지금은 스물세 살 겨울 어느 날 새벽 세시 정말 밥 먹구/반성처럼 잠이 온다 밥 먹구 자/**나는 불 속으로 걸어 들어간다**
　　　　——「德積島 詩——3 밥 먹구 자」에서

　그렇다면 지금 그곳에는 무엇이 남아 있어서 화자를 그렇게 끌어당기는가? 그것은 기억인가, 현실인가? 「겨울 洞口」라는 시가 암시하는 바에 의하면 그곳은 "길들이 모두 집에 와 닿는 저녁이 와도/빈집들은 이 마을을/빈 마을 이외로는 만들지 못"하는 스산한 곳이다. 그곳은 그러므로 실재 속에서는 "삶이 다 유배당한" 곳이며, 기억만이 오롯하게 아름다움을 지니고 있는 곳이다.

그러나 그 기억 속에서 고향은 지속적으로 그를 부른다. 기억 속에서 "휘황한 골짜기," 기억의 저편을 밝게 물들이고 있는 곳은 비록 "찌르라기떼 가고" 없지만 "마음엔 늘/누군가 쌀을 안친다/아무도 없는데/아궁이 앞이 환하다"(「새떼들에게로의 망명」). 지금은 기억 속에만 남은 과거 속의 시간으로 되어버렸지만, 그리고 기억의 저편을 밝게 물들이는 '그곳'은 유토피아가 아닌 단순한 고향임에도 불구하고, '그곳'에서는 늘 "찌르라기떼"의 우는 소리가 어머니가 "쌀 씻어 안치는 소리처럼" 들렸었다. 그 기억은 화자를 '환하게' 만들고, 그 소리 때문에, '그리운 시냇가'가 우리를 유혹하듯, "새떼들에게로의 망명"을 생각하게 만든다.

이렇듯 장석남 시의 화자는 고향을 향해 무시로 나아간다. 그의 표현을 빌면 "한없이 뒤로 걷는"(「내 발자국의 표정」)다. 꿈속에서, 생각 속에서 그 고향을 향해 시간을 거슬러 달려간다. 아버지와 어머니의 이미지 혹은 부모들과 함께 살던 시골집의 이미지를 좇아서, 찌르라기·꽃 등 동식물의 이미지를 좇아서, 바다·배·높새바람·골짜기 등 자연과 풍경에 대한 이미지를 좇아서 고향을 향해 나아간다. 아니 이제 그가 고향 아닌 곳에서 마주치는 여러 사물들의 이미지들이 무시로 고향을 환기시키고, 고향으로 데려간다.

 깊은 밤중에 작은 물소리와 만나
 아버지에게로 가네
 하얀 돛배 떠다니고   ——「아버지를 기억함」에서

> 우리집 굴뚝 위 연기는
> 우리집을 어디론가 데리고 가고 싶어했지
> ──「배호 1」에서

　이와 같은 사실들 때문에 장석남의 시를 읽으면 우리는 당연히, 자연스럽게 그가 시 속에서 되풀이 등장시키는, 그의 고향인 서해 바다 어느 곳과 관계된 이미지들의 고향이 어디인지에 관심을 돌리게 된다. 그 이미지들은 소래와 사리 같은 서해의 몰락해가는 포구들, 덕적도·문갑도·소야도 등 덕적 군도의 섬들, 서해 바다의 낙조와 썰물과 진흙뻘에 대한 되풀이되는 언급들 등을 통해 조금씩 변용되기는 하지만 그럼에도 불구하고 출생지가 같다. 따라서 우리는 이런 이미지들을 통해 그의 고향으로 짐작되는 서해 해상의 한 가난하고 외로운 섬에 이를 수 있다. 시의 화자가 유년기를 보낸 것으로 짐작되는 그 도서 지방에서 화자는 배고팠고 외로웠었으나 어쨌건 행복했었으며, 자연과 친화하고 교감하는 충일한 서정적 삶 역시 맛볼 수 있었다.

> 내 어린 날 속엔 해변의 묘지
> 노간주나무가 울창했고　　──「해변의 묘지」에서

　그 때문에 화자의 고향, 그 도서 지방의 생활에 뿌리내린 이미지들은 화자 자신의 유년기를 이야기할 때뿐만이 아니라 서울의 거리와 서울 속의 생활을 이야기할 때조차도 우리 앞에 끈덕지게 나타난다. 그의 고향은 유년기에 대한 기억이나, 부모들에 대한 회상, 서해 바닷가의 풍경에 대한 묘사 등을 하고 있는 시편들에서만 살아 있는 것이 아니라, 고향과 전혀 무관한 시간과 공간 속의 문제를 다루는 시편들 속에서도 단어와 구절들의 틈바구니를 헤집고 은밀하게 살아서 삐져나오고 있는 곳이다. 마치 우리가 서울 거리에서 가끔 낯익은 얼굴들을 만나는 것처럼 그의 그런 시편들 속에도 그의 고향의 이미지에 짙게 착색된 낯익은 단어들은 이곳저곳에 끼여들어 있다.

아는가,/**찬밥**에 말아먹는 사랑을/치한처럼 봄이 오고/봄의 상처인 꽃과/꽃의 흉터로 남는 열매/**앵두나무**가 지난날의 기억을 더듬어/앵두꽃잎을 내밀 듯/세월의 흉터인 우리들/요즘 근황은/사랑을 물말아먹고/**헛간**처럼 일어서/서툰 봄볕을 받는다 ——「5월」전문

5월이 갖는 역사적인 의미들이 투영되어 있는 이 시 속에서도 여전히 완강하게 버티고 서 있는 것은 '찬밥' '앵두나무' '헛간' 등 화자 자신의 개인사가 투영된 시어들이다. 이 시어들은 그의 고향에서부터 서울까지 화자를 따라온 시어들이다. 그렇기 때문에 그가 「무꽃」에서 "몸뚱이 하나로 당도하는 늦은 봄의/저 혼자 오는 가슴을/우우—— 화염병처럼/무밭에 피웠다"라고 썼을 때 "우 우—— 화염병처럼"이란 말은 그야말로 수사적인 비유 이상이 아니다. 그것은 낯선 이방의 언어이며 낯익은 것은 어느 날 한꺼번에 피어나던 '무꽃'이다.

장석남의 시적 고향은 다시 말하지만 서해 바다 위의 어느 곳, 작품으로 짐작건대 덕적도(德積島)이다. 이 사실은 그의 시 속에 빈번히 등장하는 서해 바다, 혹은 서해 바다 위의 섬들에 대한 언급을 통해 알 수 있다.

> **서해 일부 해상**에만 뿌리던 빗속에서
> 우리집은 지붕 아래에 습관처럼 토방과
> 마루 그리고 밥과 감자를 삶는 부엌을
> 　　　　　　　　　　——「기압골의 집」에서

> 저녁이면 어김없이 하늘이 붉은 얼굴로
> 뭉클하게 옆구리에서 만져지는 거기
> 바다가 문병객처럼 올라오고
> 그 물길로 통통배가
> 텅텅텅텅 텅 빈 채　　　——「소래라는 곳」에서

> **소야도**가 **문갑도**로 문갑도가 다시 굴업도로
> 해거름을 넘길 때　　　　——「德積島 詩」에서

> 움켜쥐고 깊어진 **德積島** 산골짜기에서
> 내가 듣는 내 숨소리 ——「내가 듣는 내 숨소리」에서

　　장석남의 시에서 '덕적도'와 덕적 군도의 섬들인 '소야도' '문갑도'를 직접적으로 거론하는 이런 시구들과 막연하게 '서해' '서해 일부 해상' '섬' '바닷가' 등을 이야기하는 시편들은 그의 시 속에 등장하는 이미지들의 고향

이 어디인지를 우리들에게 알려준다. 그의 시 속에 등장하는, 바다·산·골짜기·나무·새·꽃·저녁놀 등 자연에 관련된 이미지와 가난·배고픔·외로움 등 인위적인 삶에 관련된 이미지들은 거듭 말하지만 번지 없는 이미지들이 아닌 것이다. 그것들은 모두 앞에서 말한 구체적 지명, 혹은 사물들과 관련되어 생성된, 주소와 번지를 지닌 이미지들이다.

이 선명한 고향의 이미지들은 이제 덕적도를 떠나 사는 서울의 신산한 삶에 대비될 때 더욱 빛을 발한다. 시의 화자에 따르면 서울의 삶은 길도 보이지 않고, 출구도 보이지 않는 삶이다. 그 삶은 "마음이 중얼중얼 떠올라 얼굴을 뭉갤 때/밖으로 나가는 길/다 비워놓고/흙 파먹고 살리라고/공책 밖에서 공책 안으로 일기를 써넣었네"(「마음이 중얼중얼 떠올라」)에서 보듯 가끔씩 내팽개치고 싶은 생각이 드는 삶이다.

그래서일까. 장석남의 시의 화자는 다음처럼 말한다.

> 나는 오늘밤 마른 물고기를 타고
> 진흙별에까지 가야 한다
> 그곳에 두 눈 친친 동여맨 나의 사랑이 있으므로
> ——「추억에서의 헤매임」에서

그러나 그는 "두 눈 친친 동여맨 나의 사랑"에도 불구하고 고향에 못 갈 것이다. 왜냐하면 그곳은 이미 지나간 시간 속에서, 그리고 기억 속에서 일종의 유토피아가 되었으므로.